Camouflage & Decals

Warsaw Pact

Vol. I

KAGERO
publishing

Painted by / Malował:
Marcin Górecki

Lim-2 (1B00815) of 1st Fighter Aviation Regiment (FAR), piloted by Cpt. Ryszard Grundman.
Lim-2 (1B00815), 1 PLM, kpt. pil. Ryszard Grundman.

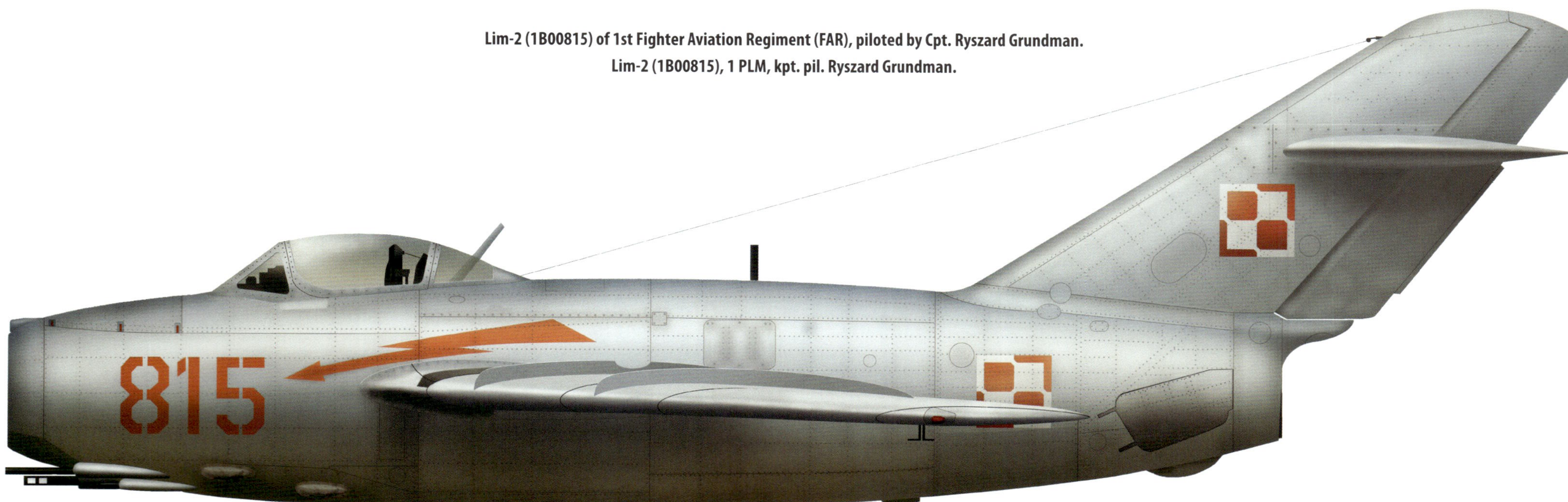

Painted by / Malował:
Marcin Górecki

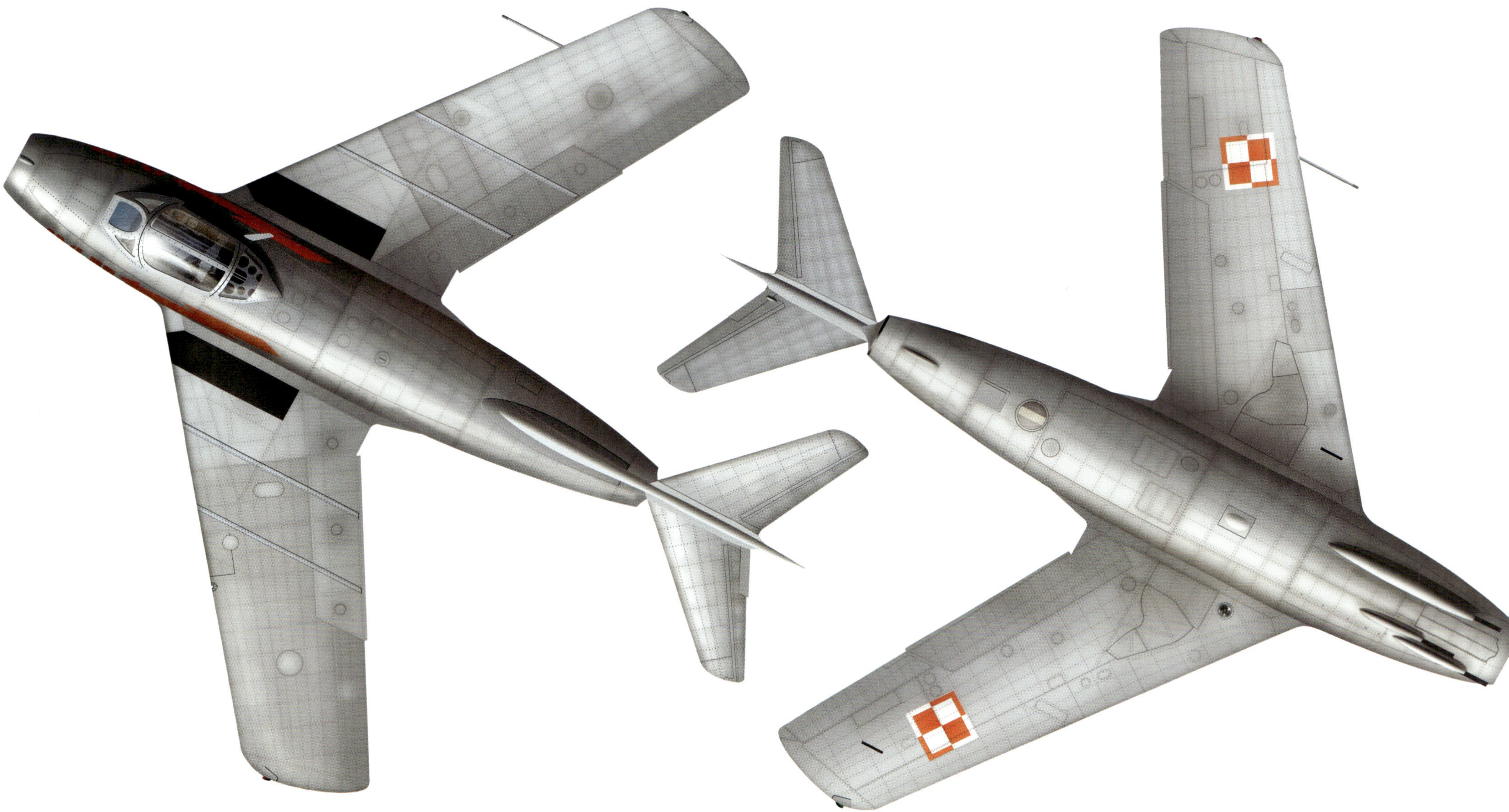

Painted by / Malował:
Marcin Górecki

MiG-15bis (2815311) of Soviet Air Force, 1958.
MiG-15bis (2815311). Siły Powietrzne ZSRR, 1958 rok.

Painted by / Malował:
Marcin Górecki

MiG-15 UTI (10425). One of the first four fighter-trainer planes delivered to Poland. Babice-Bemowo airfield, 1951.
MiG-15 UTI (10425). Jeden z pierwszych czterech samolotów szkolno-bojowych dostarczonych do Polski. Lotnisko Babice-Bemowo, 1951 rok.

MiG-15 (3046) of 28th FAR at Słupsk. On this plane Lt. Franciszek Jarecki escaped to Bornholm on March, 1953.
MiG-15bis (3046), 28 PLM w Słupsku. Na tym samolocie por. pil. Franciszek Jarecki uciekł na Bornholm w marcu 1953 roku.

Painted by / Malował:
Marcin Górecki

MiG-15 UTI (10994003), 1957.
MiG-15 UTI (10994003). 1957 rok.

MiG-15bis (123025 or 133025). Plane used by Soviet Baltic Fleet Air Force.
MiG-15bis (123025 lub 133025). Samolot użytkowany w Siłach Powietrznych Floty Bałtyckiej ZSRR.

Painted by / Malował:
Marcin Górecki

Painted by / Malował:
Marcin Górecki

MiG-15bis (53210850). Plane used by Soviet Air Force.
MiG-15bis (53210850). Samolot użytkowany w Siłach Powietrznych ZSRR.

Painted by / Malował:
Marcin Górecki

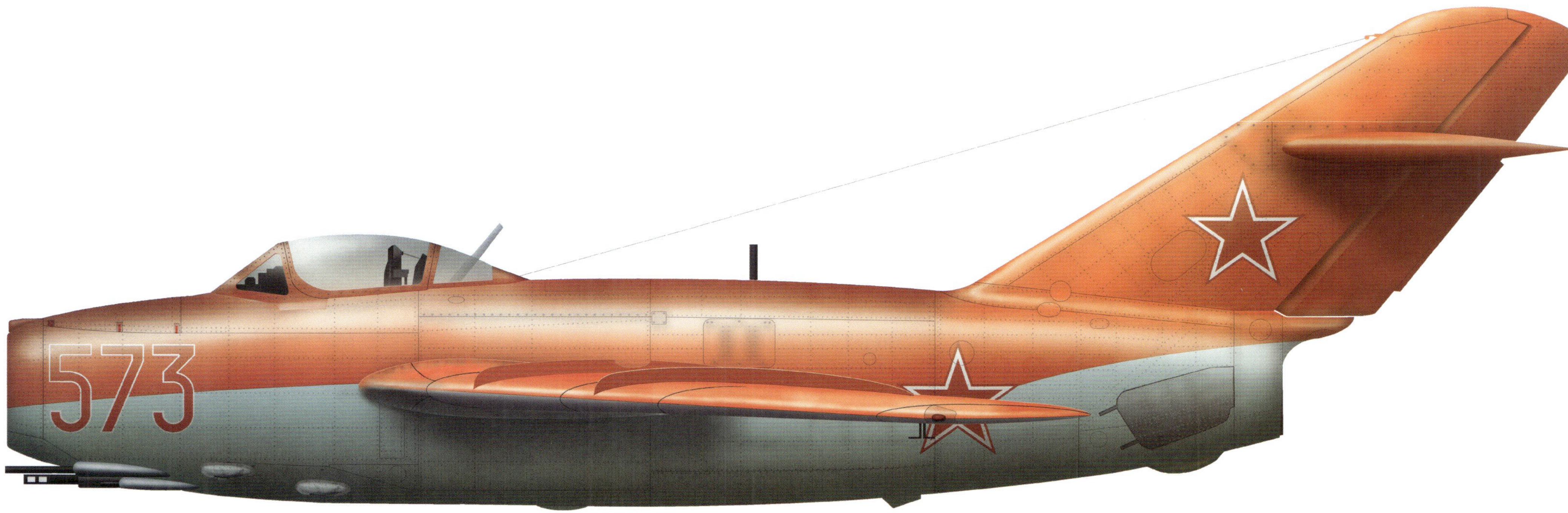

MiG-15bis from Soviet Air Force's aerobatic team. Kubinka, the 50s.
MiG-15bis. Zespół akrobacyjny Sił Powietrznych ZSRR. Kubinka, lata 50.

Painted by / Malował:
Marcin Górecki

Lim-5P (1006-07) of 45th FAR, Babimost airfield, 1961.
Lim-5P (1006-07), 45 PLM, lotnisko Babimost, 1961 rok.

Painted by / Malował:
Marcin Górecki

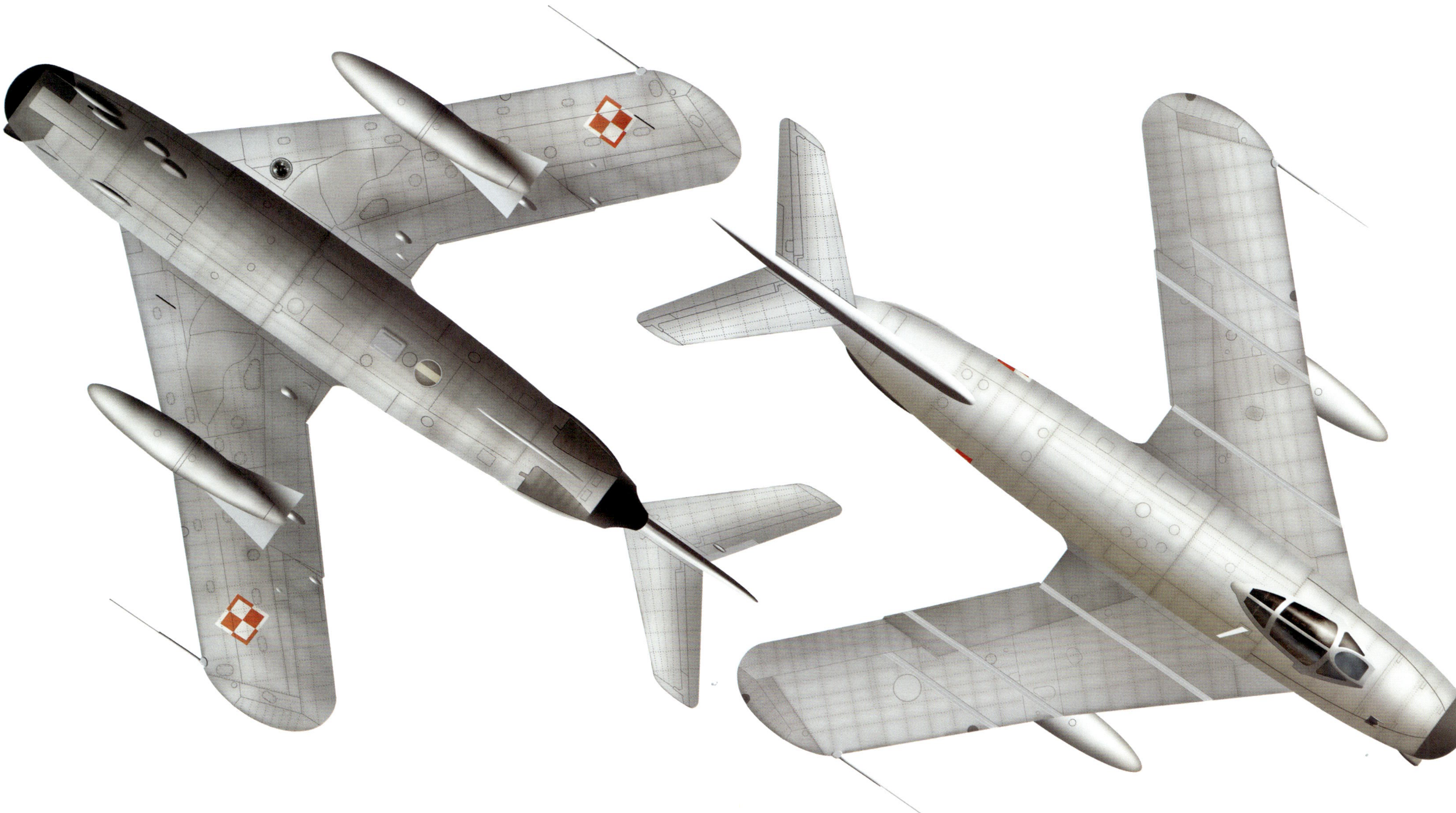

Painted by / Malował:
Marcin Górecki

MiG-17A of DOSAAF – Volunteer Society for Cooperation with the Army, Aviation, and Navy
MiG-17A służący w DOSAAF – Dobrowolnym Towarzystwie Pomocy Armii, Lotnictwa i Floty.

Painted by / Malował:
Marcin Górecki

Painted by / Malował:
Marcin Górecki

MiG-17PF of Soviet Air Force.
MiG-17PF Sił Powietrznych Związku Radzieckiego.

Painted by / Malował:
Marcin Górecki

Lim-5 (1C16-11) of 45th Fighter-Assault Aviation Regiment (FAAR), Babimost airfield, 1984. In front of tactical number the worn-away emblem of 62th FAR is visible.
Lim-5 (1C16-11), 45 PLMSz, lotnisko Babimost, 1984 rok. Przed numerem taktycznym zatarte godło 62 PLM.

Painted by / Malował:
Marcin Górecki

MiG-17PF of Anti-Air Defence Troops.
MiG-17PF Wojsk Obrony Przeciwlotniczej (PVO).

Painted by / Malował:
Marcin Górecki

Lim-5 (1C10-08) of 26th FAR. Redzikowo, 1958.
Lim-5 (1C10-08), 26 PLM. Redzikowo, 1958 rok.

Painted by / Malował:
Marcin Górecki

MiG-17A of Soviet Air Force. Two red stripes painted on the back of the fuselage were added during the invasion of Czechoslovakia in 1968.
MiG-17A Sił Powietrznych ZSRR. Dwa czerwone pasy identyfikacyjne z tyłu kadłuba zostały namalowane podczas inwazji na Czechosłowację w 1968 roku.

Painted by / Malował:
Marcin Górecki

MiG-17A (54210606) of Soviet Naval Air Force. First half of the 50s.
MiG-17A (54210606) Lotnictwa Morskiego ZSRR. Pierwsza połowa lat 50.

Painted by / Malował:
Marcin Górecki

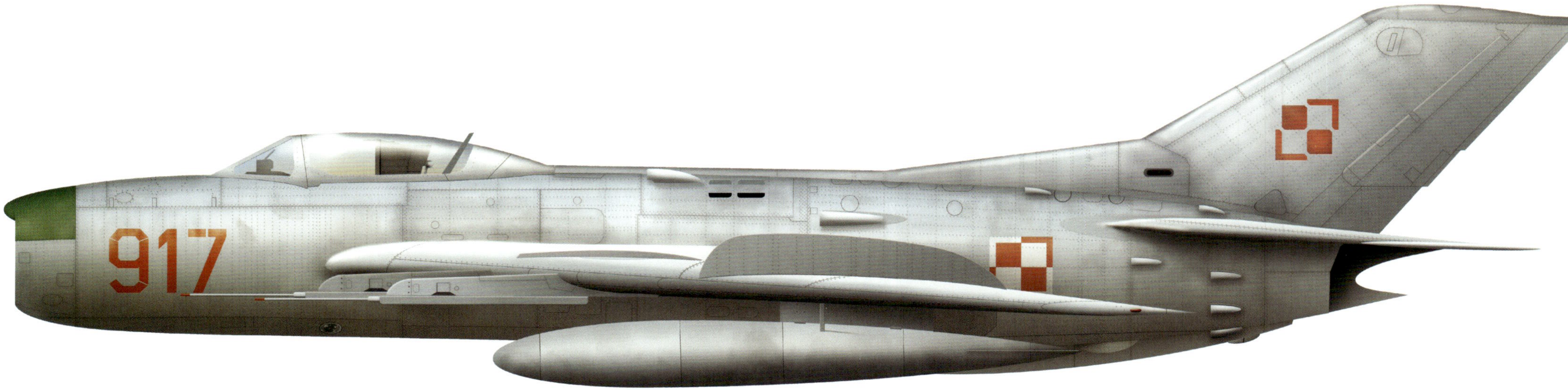

MiG-19PM (917) of 39th FAR. Mierzęcice airfield. Chequer on the vertical stabilizer is without white fields.
MiG-19PM (917), 39 PLM, Mierzęcice. Szachownica na stateczniku pionowym pozbawiona jest białych pól.

Painted by / Malował:
Marcin Górecki

Painted by / Malował:
Marcin Górecki

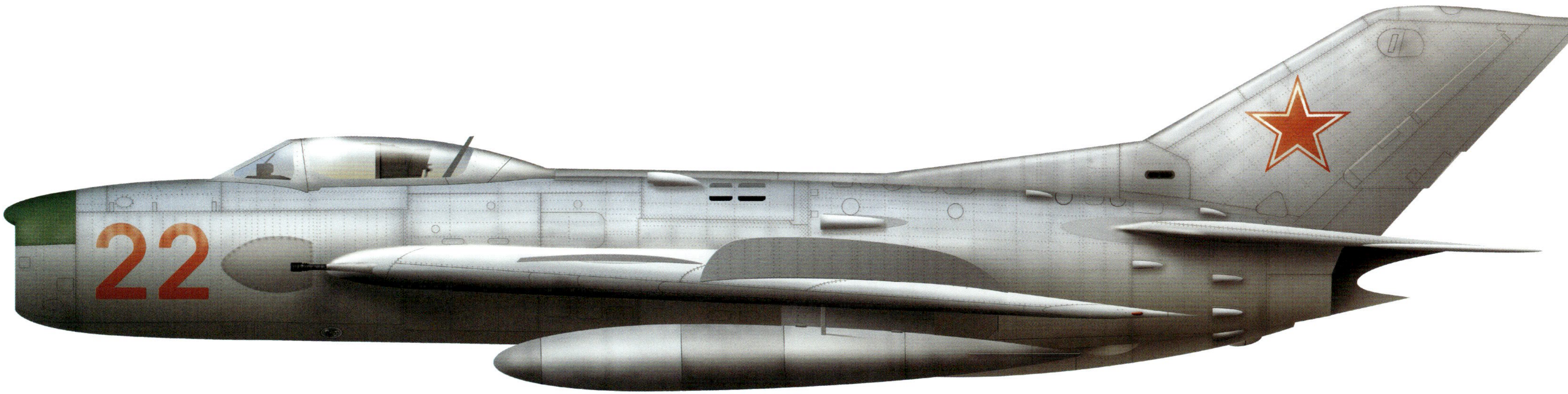

MiG-19P of Soviet Air Force.
MiG-19P Sił Powietrznych ZSRR.

Painted by / Malował:
Marcin Górecki

Painted by / Malował:
Marcin Górecki

MiG-19PM (04) of 16th Soviet Air Army, East Germany, 1959.
MiG-19PM (04),16 Armia Lotnicza ZSRR, NRD 1959 rok.

MiG-19P (39) of unknown guard's unit of Soviet Air Defence, beginning of the 60s.
MiG-19P (39), nieustalona jednostka gwardyjska Sił Obrony Powietrznej ZSRR, początek lat 60.

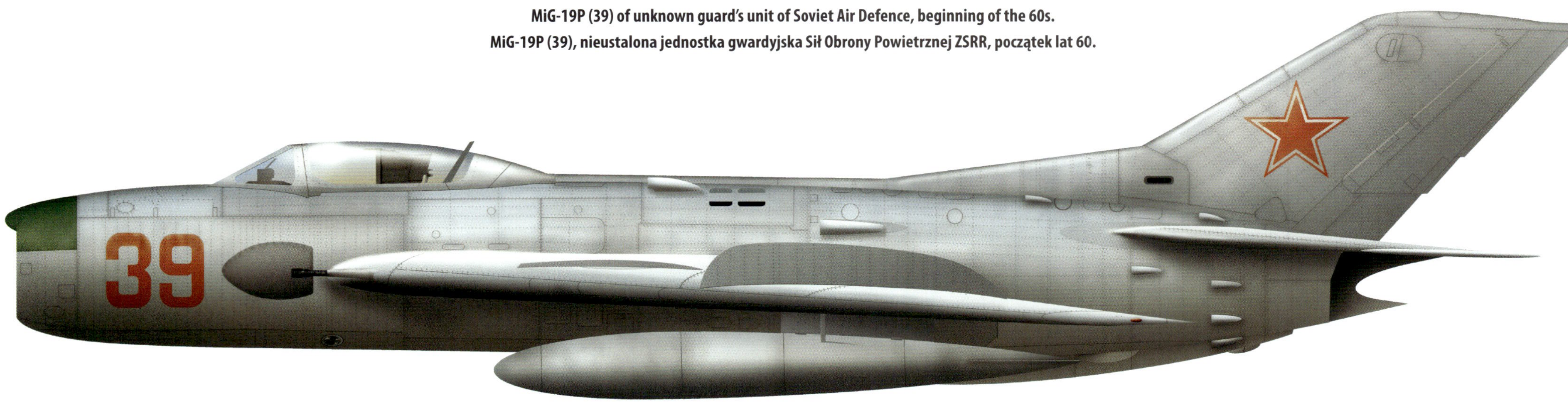

Painted by / Malował:
Marcin Górecki

MiG-19PM (65210905) of 28th FAR. Słupsk-Redzikowo, 1964.
MiG-19PM (65210905), 28 PLM, Słupsk-Redzikowo, 1964 rok.

MiG-19PM (65210910) of 28th FAR. Słupsk-Redzikowo, 1966.
MiG-19PM (65210910), 28 PLM, Słupsk-Redzikowo, 1966 rok.

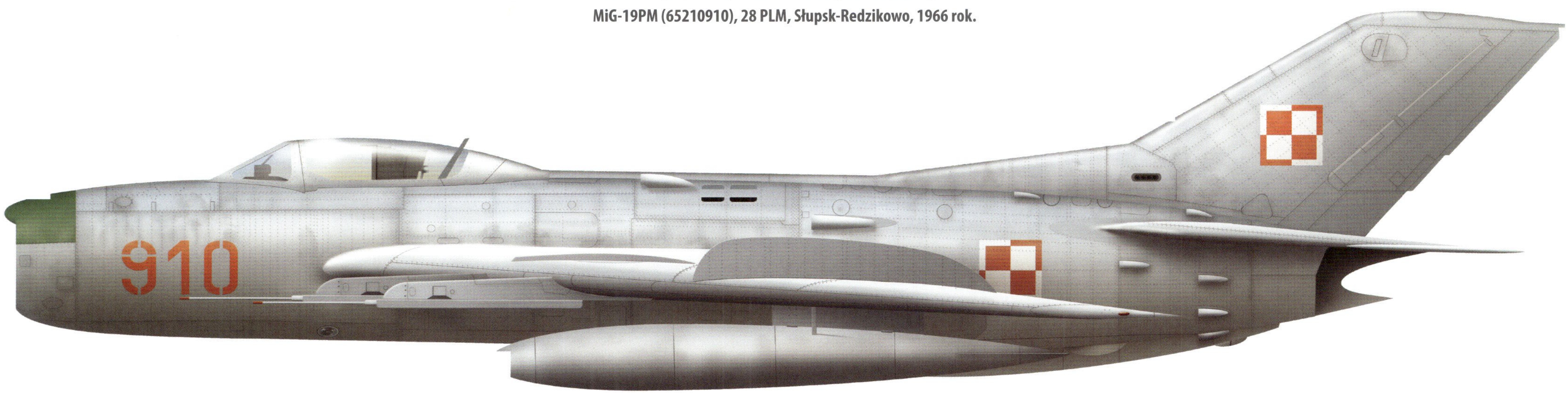

Painted by / Malował:
Marcin Górecki

MiG-19P (20) of Soviet Air Force during the Czechoslovakia invasion in 1968.
MiG-19P (20), Siły Powietrzne ZSRR podczas inwazji na Czechosłowację, 1968 rok.

MiG-19M of 472nd FAR of Soviet Air Defence.
MiG-19PM, 472 Pułk Lotnictwa Myśliwskiego Obrony Powietrznej ZSRR.

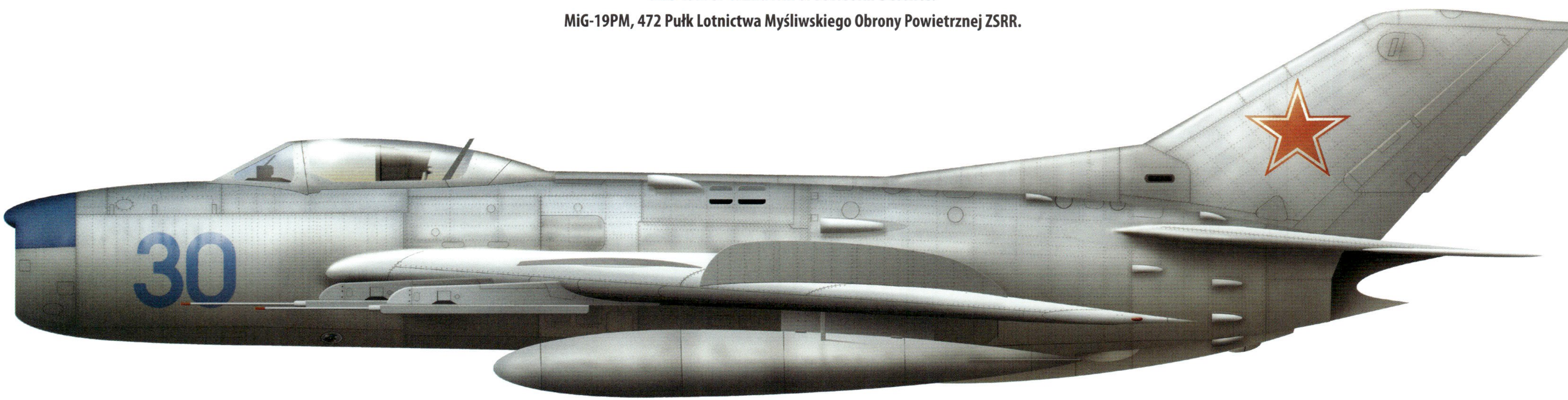

Painted by / Malował:
Marcin Górecki

MiG-19P (23) of Soviet Air Force.
MiG-19P (23), Siły Powietrzne ZSRR.

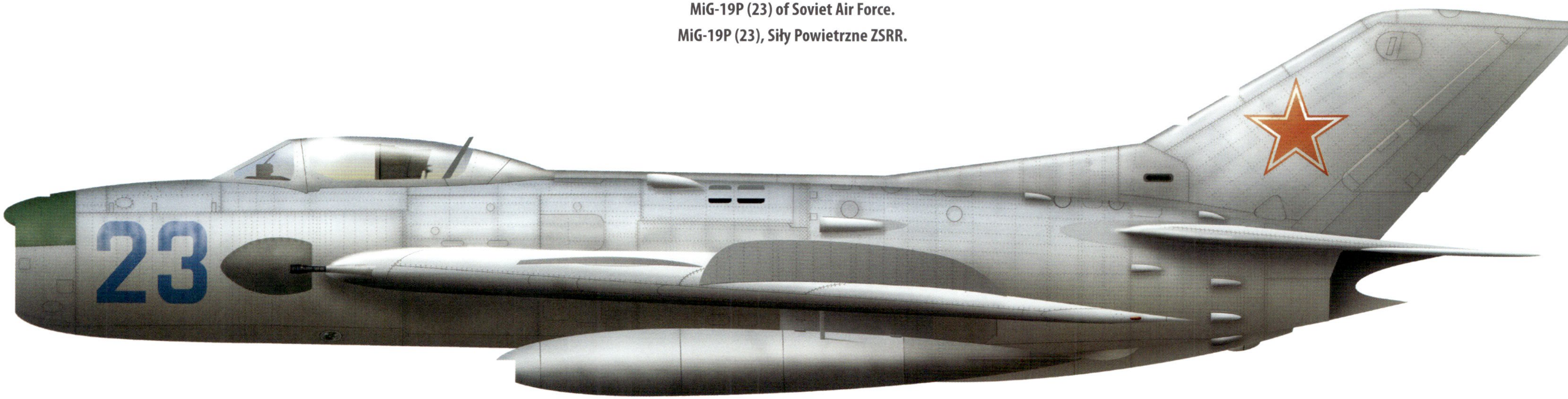

MiG-19PM of Soviet Air Force.
MiG-19PM, Siły Powietrzne ZSRR.

Painted by / Malował:
Marcin Górecki

MiG-21PF (761901) of 1st FAR, Mińsk Mazowiecki, 1970.
MiG-21PF (761901) z 1 PLM, Mińsk Mazowiecki, 1970 rok.

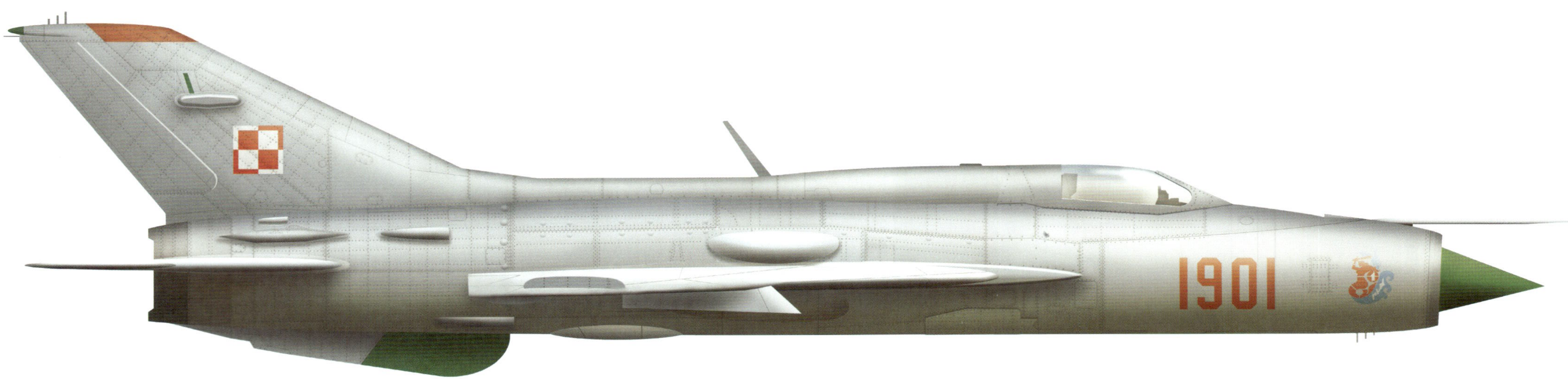

Painted by / Malował:
Marcin Górecki

Painted by / Malował:
Marcin Górecki

MiG-21PF of Soviet Air Force during the visit at Uppsala, 1967.
MiG-21PF Sił Powietrznych ZSRR podczas wizyty w Uppsali, 1967 rok.

Painted by / Malował:
Marcin Górecki

Painted by / Malował:
Marcin Górecki

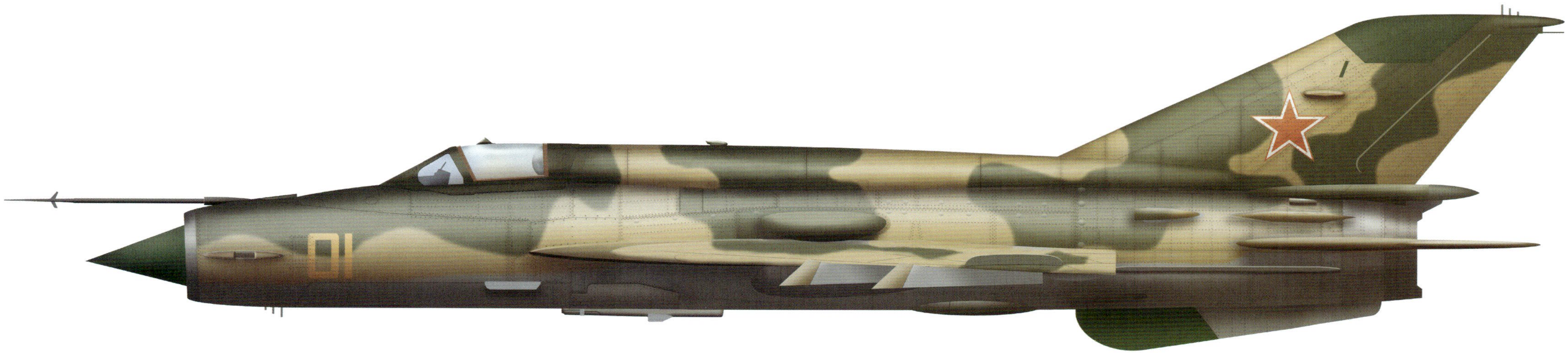

MiG-21bis (01), Bagram base, Afghanistan, 1982.
MiG-21bis (01), baza Bagram, Afganistan 1982 rok.

Painted by / Malował:
Marcin Górecki

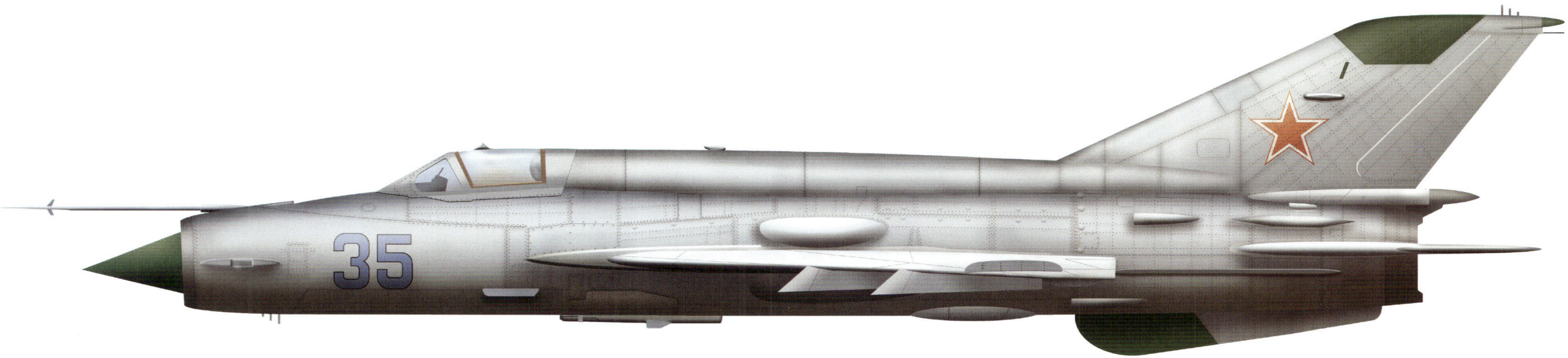

MiG-21bis (35) of 234th Guard's Fighter Aviation Regiment.
MiG-21bis (35) z 234 Gwardyjskiego Pułku Lotnictwa Myśliwskiego.

Painted by / Malował:
Marcin Górecki

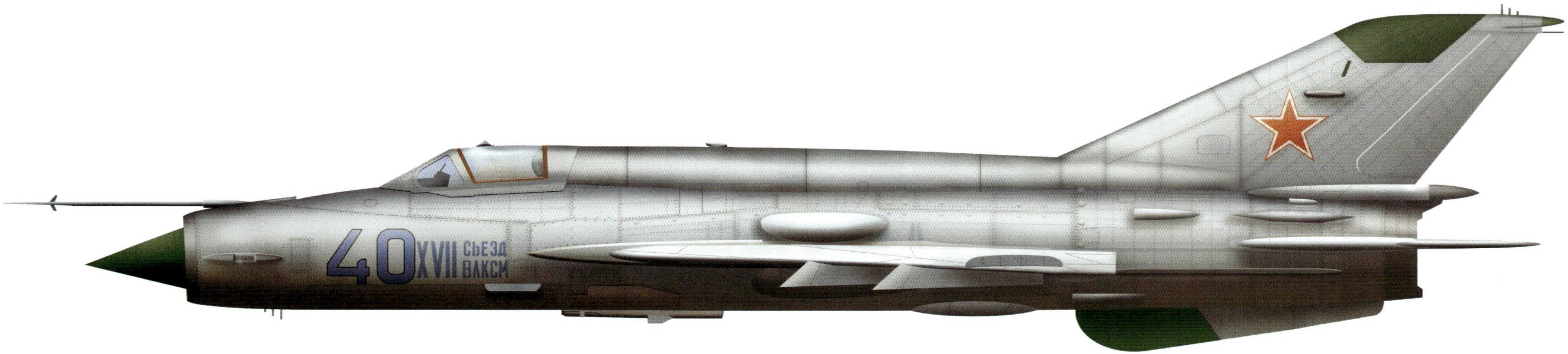

MiG-21bis (40) of 234th Guard's Fighter Aviation Regiment with occasional inscription "XVII Komsomol Congress", 1978.
MiG-21bis (40) z 234 Gwardyjskiego Pułku Lotnictwa Myśliwskiego z okolicznościowym napisem „XVII Zjazd Komsomołu", 1978 rok.

Painted by / Malował:
Marcin Górecki

MiG-21bis of 34th FAR, Gdynia-Babie Doły, 1985.
MiG-21bis z 34 PLM, Gdynia-Babie Doły, 1985 rok.

Painted by / Malował:
Marcin Górecki

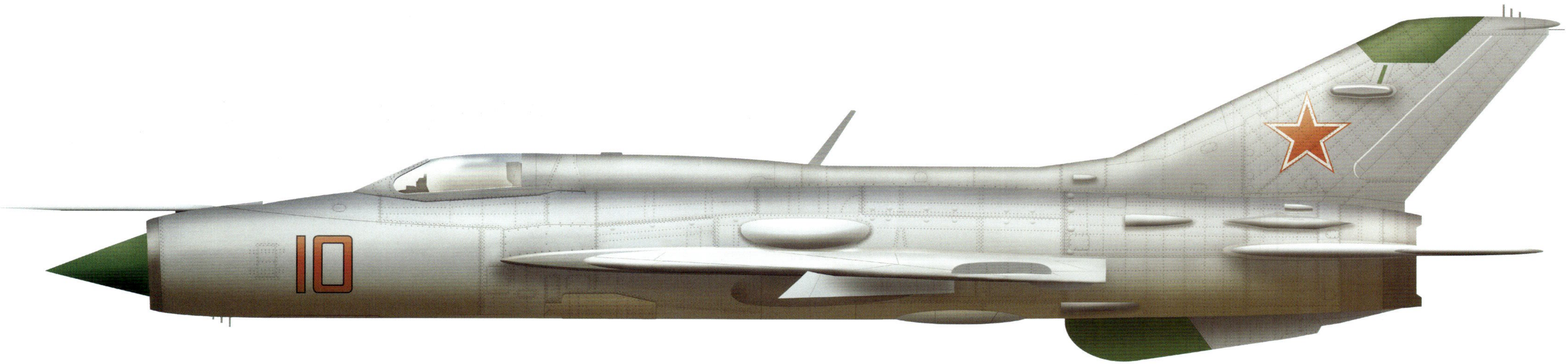

MiG-21PF (10) of Soviet Air Defence Regiment.
MiG-21PF (10), Pułk Obrony Powietrznej ZSRR.

Painted by / Malował:
Marcin Górecki

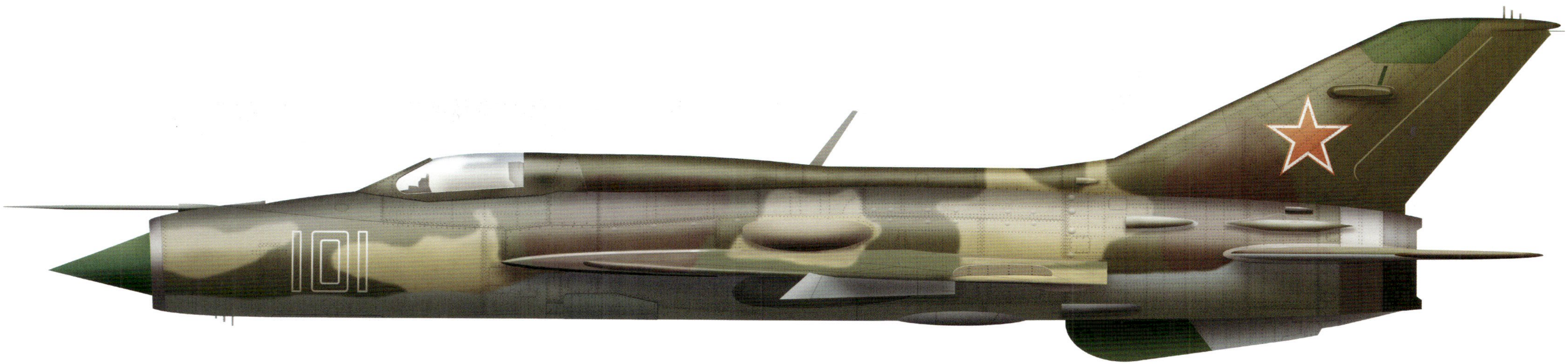

MiG-21PF (101) – trainer aircraft, Soviet Air Force.
MiG-21PF (101) – samolot szkolno-treningowy Sił Powietrznych ZSRR.

Painted by / Malował:
Marcin Górecki

MiG-21PF (22) of Anti-Air Defence Troops Regiment.
MiG-21PF (22) z Pułku Obrony Powietrznej (PVO).

Painted by / Malował:
Marcin Górecki

MiG-21PFM of 62nd FAR. Poznań-Krzesiny, beginning of the 80s.
MiG-21PFM z 62 PLM. Poznań-Krzesiny, początek lat 80.

Camouflage & Decals 07 – Warsaw Pact Vol. I

First edition / Wydanie pierwsze • LUBLIN 2021 • ISBN 978-83-66673-43-4

Printed in Poland / Wydrukowano w Polsce.

Series editor / Redakcja: **Damian Majsak** • Color profiles / Plansze barwne: **Marcin Górecki** • Cover artwork / Ilustracja okładki: **Marcin Górecki** • Design/Skład: **KAGERO STUDIO – Łukasz Maj**

Distribution / Dystrybucja: Kagero Publishing • www.kagero.pl • e-mail: kagero@kagero.pl, marketing@kagero.pl, shop@kagero.pl

Editorial Office, Marketing / Redakcja, Marketing: Kagero Publishing, ul. Akacjowa 100, os. Borek, Turka, 20-258 Lublin 62, Poland, phone/fax +48 81 501 21 05